Dominar la buena suerte

Mitch Horowitz

Dominar la buena suerte

Una clase magistral

EDICIONES OBELISCO

Si este libro le ha interesado y desea que le mantengamos informado
de nuestras publicaciones, escríbanos indicándonos qué temas son de su interés
(Astrología, Autoayuda, Psicología, Artes Marciales, Naturismo,
Espiritualidad, Tradición…) y gustosamente le complaceremos.

Puede consultar nuestro catálogo en www.edicionesobelisco.com

Colección Éxito
Dominar la buena suerte
Mitch Horowitz

1.ª edición: noviembre de 2022

Título original: *The Mastery of Good Luck*

Traducción: *Raquel Mosquera*
Corrección: *TsEdi Teleservicios Editoriales, S. L.*
Diseño de cubierta: *TsEdi Teleservicios Editoriales, S. L.*

Edita: Ediciones Obelisco, S. L.
Collita, 23-25. Pol. Ind. Molí de la Bastida
08191 Rubí - Barcelona - España
Tel. 93 309 85 25
E-mail: info@edicionesobelisco.com

ISBN: 978-84-9111-927-2
Depósito Legal: B-15.580-2022

Impreso en los talleres gráficos de Romanyà/Valls S. A.
Verdaguer, 1 - 08786 Capellades - Barcelona

Printed in Spain

Introducción

Las 13 reglas de la buena suerte

Bienvenido a la serie Clases Magistrales. Cada uno de estos cursos te enseña, en una serie de lecciones sencillas y directas, cómo sacar provecho de los poderes del pensamiento y obtener una nueva comprensión del funcionamiento interno de la vida.

Las lecciones de este programa están diseñadas para que puedas escuchar una al día, todas seguidas o en la forma que quieras. Cuando se indiquen pasos para la acción, realízalos en tu tiempo libre y a tu propio ritmo, pero es crucial que *los realices*, ya que esta serie proporciona una filosofía práctica.

Dominar la buena suerte sostiene que la suerte no es un mero azar ciego, sino que es una red de factores causales que se pueden identificar y cultivar. Como decía un intrigante libro llamado *El Kybalión*: «El azar no es más que un término que indica una causa que existe, pero que no se reconoce ni se percibe».

Este programa te muestra cómo identificar esas causas y adaptarlas a tus propias necesidades y fines. Éste no es un libro para jugadores, sino para aquellos que quieren alinearse con la fortuna en el juego general de la vida.

El programa consta de «13 reglas de la buena suerte». En resumen, las reglas son:

1. La suerte se puede aprender.
2. La buena química trae una suerte poderosa.
3. Para tener suerte, hay que hacerse notar.
4. Las mentes preparadas ganan.
5. La sobriedad trae suerte.
6. La persistencia vence a las probabilidades.
7. El fracaso puede ser una suerte.
8. «No» no siempre es la respuesta definitiva.
9. El entusiasmo y el pesimismo son una combinación acertada.
10. Humillar a la gente trae mala suerte.
11. Reconocer a los demás mejora la suerte.
12. Debes ayudar a que la suerte te encuentre.
13. Las personas con suerte son decididas.

La sección final, «Los 13 aforismos de la buena suerte», repasa cada regla como referencia.

Esta clase, y todos los programas de la serie Clases Magistrales, están diseñados para proporcionarte una nueva estimación de ti mismo y las herramientas para alcanzar tus máximas posibilidades.

Regla número UNO

La suerte se puede aprender

Un neurocirujano me dijo una vez que nunca me tomara a la ligera las cuestiones relacionadas con la suerte. «He visto a muchos pacientes vivir o morir en una mesa de operaciones en función de lo que llamamos suerte», decía.

Sin embargo, nos cuesta decir qué es la suerte en realidad. La buena o la mala suerte podrían considerarse simplemente como un accidente. Pero ¿hay algo verdaderamente accidental cuando la ley de la causa y el efecto es detectable detrás de cada acontecimiento, aunque sea *a posteriori*? Visto de cierta manera, *somos* capaces de cultivar y mejorar nuestra suerte. Evidentemente, nadie puede controlar los innumerables y vastos factores que hay detrás de cada suceso. Sin embargo, he observado que ciertas prácticas y hábitos mejoran la suerte con regularidad o, dicho de otro modo, influyen en las circunstancias a favor de alguien. Esto es cierto incluso si el destinatario no es consciente de lo que ocurre. Por lo tanto, los factores personales que desencadenan la suerte siempre se deberían respetar, considerar y, cuando sea posible, cultivar.

Un famoso actor le contó a un amigo mío su clave para el éxito: «Determina las cosas que te traen suerte y luego hazlas con mayor frecuencia». Su afirmación lleva implícita la creencia de que ciertas acciones, hábitos, rasgos personales y entornos identificables traen suerte por naturaleza. Yo no sólo adopto ese punto de vista, sino que creo que muchos factores de la suerte pueden destilarse en reglas generales aplicables a la vida de casi cualquier persona.

Abordo el tema de la suerte no como una estadística, aunque las leyes de las probabilidades y la estadística desempeñen un papel en él, sino más bien como un veterano de los medios de comunicación con treinta años de experiencia que ha observado a personas de una amplia variedad de campos ascender, caer o experimentar la inercia basándose en las 13 reglas que se exploran en este programa. Creo que el talento y la cognición importan; pero he observado, una y otra vez, que los acontecimientos fundamentales en la vida de las personas, y a veces el desarrollo de toda su vida adulta, son el resultado de la presencia o ausencia de las prácticas y disciplinas que encontrarás aquí. Si se siguen, estas prácticas colocan a las personas motivadas en la corriente del destino, o en el flujo de la buena suerte.

El cineasta David Lynch recuerda que cuando asistió a la escuela de arte de Filadelfia, le interesaba la pintura, no hacer películas. Pero empezó a ver el cine como una especie de «pintura en movimiento», y sus intereses empezaron a cambiar en esa dirección. Llegó un momento en que tuvo que decidir a qué medio dedicarse. ¿Cómo sabe uno a qué dedicar sus energías? «Busca esas luces verdes», dijo. Busca dónde recibes más estímulo, satisfacción y oportunidades. Sin embargo, aunque parezca sencillo, las «luces verdes» no siempre son evidentes. A veces puede que ni siquiera sientas que estás recibiendo alguna. Estas lecciones no sólo te ayudan a identificar las luces verdes, sino también a situarte en los lugares donde se presentan. Esto se debe al hecho básico, pero olvidado, de que *la suerte se puede aprender.*

Regla número **DOS**

Cultiva la química

El novelista italiano Ignacio Silone observó que la decisión más importante en la vida de una persona es «la elección de sus camaradas».

La compañía que eliges desempeña un papel tremendo no sólo en los valores con los que vives, sino también en las oportunidades que experimentas y en la naturaleza de lo que haces.

Este tema surgió en 2010, aunque sin una explicación completa, cuando la leyenda del rock Mick Jagger concedió una entrevista a Larry King.

KING: ¿Cómo explicas la longevidad del éxito de los Stones?

JAGGER: Bueno, creo que los Stones tenemos mucha suerte. Siempre se necesita mucha suerte y creo que estábamos en el lugar adecuado en el momento adecuado. Y cuando trabajamos, trabajamos muy duro. Así que creo que se necesitan todas esas cosas. Ya sabes, no es bueno ser sólo trabajador, porque mucha gente es trabajadora. Pero tienes que ser muy trabajador, estar en tu terreno y tener suerte...

KING: ...No elimines la palabra «suerte».

JAGGER: No, no estoy eliminando la suerte... Sea cual sea tu forma de vida, si llegas a tener mucho éxito, suele haber algún momento en el que simplemente tienes suerte.

Uno de los factores que Jagger no mencionó, al menos específicamente, es la suerte de la *buena química*. Parte del éxito de los Rolling Stones es que se compenetraron extraordinariamente bien como músicos, escritores, intérpretes y en cuanto a imagen y aspecto personal. Han funcionado excepcionalmente bien como grupo. Por el contrario, Jagger, intérprete virtuoso y brillante hombre de negocios, tiene un historial irregular con sus discos en solitario, a pesar de los enormes recursos, fama y talento puestos detrás de ellos. Su química con los Rolling Stones es singular; no se puede duplicar en otras etapas de su carrera.

Toma un ejemplo personal de esto. Busca en tu vida áreas en las que existan relaciones entrañables y una química especial, y consérvalas. Las buenas alianzas, ya sea en el arte, el comercio o la vida íntima, son poco comunes y valiosas; merece la pena protegerlas.

Hace años tuve un jefe al que quería y por el que, a veces, sentía una profunda frustración. Estoy seguro de que él sentía lo mismo hacia mí. Cada vez que tenía la tentación de dejar mi lugar de trabajo y seguir por mi cuenta, reflexionaba sobre nuestra larga y extraordinaria relación, y el éxito que había generado, y me quedaba. Teníamos gustos, simpatías y temperamentos similares; nuestras debilidades y fortalezas se complementaban entre sí. Nos lo pasábamos genial trabajando juntos. Independientemente de las frustraciones ocasionales, nuestro éxito conjunto era realmente notable. Mantuvimos nuestra asociación durante casi veinte años, y hoy seguimos colaborando en proyectos. Considero que esta relación, y la química inherente a ella, es una de las principales fuentes de mi éxito.

Nunca des por sentado el poder de las relaciones y la colaboración. Las cosas que atribuyes sólo a tus talentos pueden deberse, en realidad, a la química intangible pero vital que surge de los esfuerzos complementarios, las debilidades y fortalezas bien equilibradas, las afinidades personales y las visiones compartidas que tienes con un socio o con compañeros de trabajo. La buena química es sinónimo de buena suerte; búscala. Analiza tu vida en busca de ella y cuando la encuentres, o si ya la has encontrado, valórala y consérvala.

Regla número **TRES**

Hazte notar

No puedes aprovechar las oportunidades a menos que otras personas, incluidas las influyentes, sepan quién eres y qué haces. Esto no significa convertirse en un esclavo de las redes sociales o recurrir al molesto autobombo (aunque debo señalar a regañadientes que un número no insignificante de quienes lo hacen *tienen* éxito). Más bien, debes dejar claro a los demás, de forma honesta y clara, tus acciones y entusiasmos.

Una amiga que trabaja en el campo de la edición de audio me dijo una vez que tenía dificultades para hacerse notar en el trabajo. En cierto momento se dio cuenta de que había estado ocultando el entusiasmo y la dedicación que sentía hacia los proyectos en los que trabajaba. Puede que esto surgiera a raíz de un mal consejo que había recibido años atrás. Como ella misma explicó:

«No sé por qué no he compartido mi pasión en el trabajo. Puede que sea porque hace años un directivo me dijo que la forma de avanzar en la edición corporativa era "mantener la cabeza agachada". En aquel momento, me pareció un buen consejo práctico; pero no lo era. Era una fórmula para la mediocridad y, lo más importante, es que yo no soy así».

La observación de mi amiga era absolutamente acertada. El acto de mantener la cabeza agachada es inútil y contraproducente. Además, es una ética deficiente: muchas personas que mantienen la cabeza agachada nunca aprenden, rara vez asumen responsabilidades y, a menudo, hacen que los demás carguen con la responsabilidad que les corresponde.

¿Has estado alguna vez cerca de alguien en el trabajo que hace el mismo tipo de preguntas una y otra vez, sin importar el tiempo que lleve allí? Como dice un amigo mío, para esas personas «cada día es el primer día». Lo que ocurre en realidad es que no escuchan una respuesta significativa con el fin de integrarla en sus conocimientos laborales; no están creciendo. Por este motivo, no se puede contar con ellas. Éste es un desafortunado subproducto del hecho de mantener la cabeza agachada.

Hacerse notar y asumir responsabilidades es mucho más probable que, a largo plazo, te sitúe en la corriente del reconocimiento y la buena suerte. Si das un paso adelante para asumir responsabilidades, puede haber ocasiones en las que te carguen con la culpa, y hasta puede haber ocasiones en las que se te culpe de forma injusta. Pero incluso esto puede ser un recordatorio de una práctica que da suerte: aceptar el mérito cuando te lo reconocen.

Una vez asistí a una reunión en la que se felicitaba a un publicista por haber conseguido un importante éxito mediático. «En realidad, no he hecho nada...», empezó a explicar. Un alto ejecutivo se volvió hacia él y le susurró: «Acepta el reconocimiento. También te echarán la culpa cuando no la tengas».

Hazte notar. Estar bajo los focos trae suerte, pero sólo cuando estás preparado para ello, lo que nos lleva a nuestra siguiente lección.

Regla número **CUATRO**

Las mentes preparadas ganan

En 1854, Louis Pasteur, pionero científico y teórico de los gérmenes, dijo lo siguiente en una conferencia en la Universidad de Lille, en el norte de Francia: «En los campos de la observación, el azar sólo favorece a la mente preparada». Esta afirmación se ha acortado de forma popular (y, creo, acertada) en «El azar favorece a la mente preparada». Si quieres tener suerte, haz de esto tu lema personal.

Las oportunidades fortuitas sólo son útiles para quienes están preparados para ellas, y cuanto mayor sea la preparación, más podrás aprovecharlas cuando lleguen. La preparación potencia todos los demás factores del azar que te rodean; garantiza que estarás en el estado mental adecuado para detectar, recibir y aprovechar las oportunidades.

Cuando hablo de preparación, no me refiero a utilizar Google para espiar la vida de los entrevistadores o de los compañeros de trabajo, una práctica que desaconsejo. Me refiero a la preparación de *uno mismo*. Debes conocer y estar razonablemente versado en todos los aspectos de tu campo, aunque te centres en un nicho o especialidad dentro de él. Sé consciente de la tecnología actual y de los avances en tu campo. Mantente bien informado sobre sus prácticas y tendencias generales y, sobre todo, sé un experto absoluto dentro de tu área de interés. Practica tu oficio del mismo modo que un artista marcial ejecuta de forma repetida una rutina hasta el punto de convertirla en parte de su conocimiento innato.

El escritor motivacional Dale Carnegie comenzó su carrera a principios del siglo XX como profesor de oratoria. Carnegie, que había sido actor, comprendió que hablar en público se estaba convirtiendo en una habilidad vital para el éxito empresarial en los años posteriores a la Primera Guerra Mundial. Al prepararse para una charla o un discurso, Carnegie observó que hay que acumular tanto material que se pueda descartar el noventa por ciento de él al hablar. El hecho mismo de la preparación te da la confianza y el poder de hablar sin notas, y de ofrecer una actuación relajada, entusiasta y de estilo libre.

La fórmula de Carnegie es una receta para obtener buenos resultados en todos los ámbitos de tu vida. Una vez que tienes una confianza justificada y eres experto en una tarea o proyecto, puedes observar, escuchar, intuir y estar atento a las señales importantes. La preparación ardua te hace ser persuasivo. Tus acciones resultan naturales y no requieren esfuerzo. Puedes cambiar de dirección, desprendes confianza y adquieres una euforia infantil. Y, como aludió Pasteur, las cosas tienen una forma de *llegar a ti*, o al menos de llamar tu atención, que de otro modo pasarían inadvertidas.

La preparación te permite poner lo inesperado a tu favor. El exgobernador de Vermont y candidato a la presidencia, Howard Dean (al que conocí una vez mientras viajaba solo en el metro de Nueva York), convirtió la expresión de Pasteur, «el azar favorece a la mente preparada», en su lema personal. Dean se la repetía a sus colegas, a los trabajadores de campaña y a sus colaboradores políticos, especialmente cuando era presidente del Comité Nacional Demócrata. Como presidente, Dean insistía en que el Partido Demócrata adoptara una «estrategia de cincuenta estados», es decir, que reforzara su presencia y operaciones terrestres incluso en los estados en los que los demócratas perdían históricamente. Pensaba que si la marea política cambiaba, o si una carrera aparentemente predecible se torcía, el partido más preparado ganaría. Se trata de un principio universalmente aplicable. Cuando aparezcan oportunidades en tu camino, como una oferta de trabajo, una audición, una llamada para hacer una presentación sobre la marcha en una conferencia, o incluso estar sentado junto a tu jefe o un alto directivo en un vuelo, la persona preparada podrá aprovechar ese momento de oro. Recuerda en todo momento que *el azar favorece a la mente preparada*.

Regla número CINCO

La sobriedad trae suerte

Un fiscal de Nueva York me dijo una vez: «Si quieres evitar la violencia, mantente alejado de los lugares donde se sirven grandes cantidades de alcohol». Él veía una correlación repetida entre el alcohol y los accidentes trágicos o la violencia. La mayoría de los casos que pasaban por su mesa, decía, se producían en clubes, eventos deportivos o fiestas de barrio en las que se había consumido mucho alcohol antes de que una discusión o un acto de falta de respeto percibido se convirtiera en un altercado físico. En ocasiones, los transeúntes resultaban heridos.

Esto plantea una lección más amplia sobre la eficacia personal de evitar los excesos en el consumo de alcohol u otras sustancias tóxicas, y de considerar la posibilidad de mantenerse limpio por completo. Surge de una historia muy personal.

En el invierno de 2019, me estaba adaptando a la vida tras un reciente divorcio. Un día me asaltó el miedo a la seguridad financiera. Me preguntaba si podría ganar suficiente dinero como escritor, orador y narrador para que todo funcionara. Era una pregunta seria y profundamente sentida. Examiné mi vida en busca de áreas en las que pudiera aumentar mi productividad y funcionar al máximo de mis capacidades. Me di cuenta, con la fuerza de una epifanía o de una conversión religiosa, de que podía dar un paso inmediato y poderoso que invitaría a las oportunidades y reforzaría las energías positivas de mi vida: *dejar de beber*.

En mi nuevo entorno doméstico, en las brillantes calles del Lower East Side de Nueva York, había aumentado el consumo de hierba, alcohol y cigarrillos, alimentando un tipo de existencia al estilo de Lou Reed en los años setenta. En el fondo de mi mente, ya sabía que algo tenía que cambiar, o lo haría yo. Y para peor.

Poco antes, una amiga cercana me dijo que creía que debía dejar de fumar, así que dejé de hacerlo de golpe porque sabía que tenía razón y que persistir en este hábito comprometería mi salud y mi felicidad. Pero no estaba dispuesto a dar el salto a la sobriedad; me parecía innecesario. Nunca he tenido lo que yo consideraba un problema con la bebida. Siempre me ha gustado relajarme con una copa (o unas cuantas), y además beber en eventos sociales. También había empezado a fumar marihuana al anochecer como una rutina.

Varios años antes, había dejado de beber durante treinta días como parte de un compromiso religioso, y también dejé de beber durante varios meses en otoño de 2009, cuando mi primer libro vio la luz, para centrarme, sin parar, en su publicidad. Pero por lo demás, nunca había estado limpio.

Aquel día de invierno en mi apartamento, supe que quería, por encima de todo, tener éxito en mi trabajo. Necesitaba ganar más; quería rendir al máximo y vivir mi *dharma*. Sabía que poseía ciertas herramientas y una de las que podía aprovechar al instante y que me proporcionaría una mayor recompensa era dejar la bebida y la hierba de forma permanente. Por experiencia, sabía que la sobriedad mejoraría mi energía, productividad y sueño, así como mi propensión a meditar y hacer ejercicio.

Así que tiré todo a la basura; literalmente. Le conté mis intenciones a mi psiquiatra, un tanto aficionado a la nueva era, y me aconsejó que prescindiera de mis sustancias tóxicas como parte de una ceremonia. Debía meditar, cantar o hacer algo para marcar de forma ceremonial mi puente hacia una existencia nueva y limpia. En realidad, no tengo nada de alcohol en casa, así que eso estaba descartado. Pensé en simplemente tirar mis bolsas de hierba por el retrete, pero me parecía algo anticlimático. Así que cogí dos bolsas de hierba buena, una pipa y un viejo cenicero que encontré en la escalera de incendios cuando me mudé a la casa (y al que ya me había acostumbrado demasiado), y los metí en las últimas bolsas de plástico de la compra, recé a mi deidad y lo arrojé todo desde la ventana de mi habitación del quinto piso a la zona de basuras del patio de abajo. El cenicero golpeó el pavimento con un estruendo. Había tenido mucho cuidado de que no hubiera nadie y más tarde bajé y lo limpié todo a conciencia; no me gusta contaminar. Me sentí muy bien.

Durante la siguiente semana, mi productividad se disparó. Dediqué las noches al trabajo, al sueño y a los amigos. Mi presupuesto mejoró (el alcohol es muy caro) y el dinero fluía.

Lo más sencillo e impactante que puedes hacer ahora mismo para potenciar tus capacidades y aprovechar las oportunidades (y aprovechar todo lo que se cruce en tu camino, así como cada tarea y oportunidad que espera ser maximizada) es estar sobrio. Si necesitas ayuda, búscala. Es una de las pocas decisiones de la vida que está totalmente en tus manos y podría cambiarlo todo.

Regla número **SEIS**

La persistencia vence a las probabilidades

Una vez conocí a un editor que llevaba mucho tiempo en una de las mayores editoriales de Nueva York. La verdad es que era una de las personas con menos talento que he conocido.

Cada una de sus palabras parecía estar basada en una opinión consensuada. Concebía los títulos de los libros (y a menudo los engrosaba) encadenando listas de frases hechas. Sus ideas se centraban en copiar lo que había funcionado antes en otro lugar. Le gustaba cotillear y, por tanto, alienaba a compañeros de trabajo y colegas. Era sumamente nervioso y aumentaba los nervios y los niveles de estrés de la gente que le rodeaba.

Sin embargo, durante años fui testigo de cómo sobrevivía en un ambiente bastante competitivo. ¿Por qué? Creo que la respuesta es la persistencia. Si te aferras a algo el tiempo suficiente, y consigues evitar el ataque del tiburón (y esta persona tuvo la suerte de tener un jefe bastante indulgente), inevitablemente experimentas rachas de buena suerte (y de mala suerte, de la que hablaremos más adelante).

En el caso de esta persona, algunos de los libros que publicó fueron éxitos sólo por las probabilidades de la rueda de la vida, ya que ésta es una fluctuación continua. Piénsalo: si una persona mediocre puede beneficiarse, o al menos sobrevivir, gracias a la tirada de dados del azar (que a la larga supone una media de un cincuenta por ciento de tener un golpe de suerte), *imagina cuánto más puede ganar una persona con verdadero talento si se ciñe a una tarea*. Si una persona sin inspiración puede arreglárselas en un trabajo, ¿cuánto más puede ganar una persona motivada, meticulosa y con talento?

Si la persistencia posee algún poder oculto, es éste: las rachas de suerte, ya sean buenas o malas, siempre se invierten. Se trata de una ley estadística y, en situaciones laborales, es mucho más probable que la gente te reconozca por las buenas rachas que por las malas. Un éxito puede compensar varios fracasos. Esto puede parecer irracional, pero es así como funcionan muchos lugares de trabajo. Ésta es una de las razones por las que los ascensos no siempre parecen estar basados en el mérito.

Por lo tanto, te corresponde ceñirte a las cosas o, por lo menos, a las cosas para las que estás bien dotado y disfrutas a nivel personal. La rueda de la fortuna girará de forma inevitable a tu favor y las ganancias que coseches, especialmente como persona preparada, compensarán lo que perderás cuando ocurra lo contrario. En el trabajo, la persistencia vence a las probabilidades.

Regla número **SIETE**

El fracaso trae suerte

Decir que «el fracaso trae suerte» no es una afirmación empalagosa. El gurú del éxito, Napoleón Hill, insistía en que para la persona motivada, el fracaso nunca debe verse como algo definitivo, sino como un revés temporal, y creo que esto es cierto. También puedo pensar en numerosas ocasiones en mi vida en las que un aparente fracaso fue una suerte por una de estas dos razones:

1. Porque me protegió de un trabajo, un plan de acción o una relación para los que no era apto, o de un entorno que podía estar en la mira de la mala suerte. Perdí en ofertas de trabajo en dos ocasiones y me sentí herido, pero el resultado fue una suerte. Una de ellas era en una revista política cuyo célebre editor murió en un trágico accidente, sumiendo a la revista en el caos y el fracaso. Otra vez era para dirigir una editorial que acababa de ser vendida a un comprador que procedió a destripar y casi destrozar el negocio.

2. En otras ocasiones, los fracasos o reveses encendieron un fuego dentro de mí al poner de manifiesto mis propias debilidades y pasos en falso, lo que en realidad me impulsó a hacer un esfuerzo más inteligente y a la realización a largo plazo de objetivos más anhelados.

Demasiado éxito y demasiado pronto puede ser autodestructivo. Una vez fui testigo de cómo un autor con talento fue catapultado a la notabilidad y casi a la fama. Tal vez sin preparación, o con algún defecto más profundo, o ambas cosas, su éxito le hizo insufrible para casi todo el mundo que le rodeaba: se aprovechaba de su estatus, faltaba al respeto a la gente y a los compromisos, y en poco tiempo se volvió lo suficientemente engreído como para que la producción de su obra se resintiera y su fama se disipara. La lucha le sirvió más que la conquista, lo cual es cierto para muchas personas.

Llegar a la cima a una edad temprana, que es un tipo diferente de éxito, también puede ser una desventaja. Además de las cuestiones de preparación emocional, esto se debe a que la racha de suerte que llega pronto se invierte de forma inevitable y pasas las décadas siguientes intentando revivir las glorias pasadas. En un momento de mi carrera editorial, recuerdo haber observado que casi todos los escritores con los que trabajaba y que producían libros de profundidad y valor duradero estaban ya en la mediana edad. Trabajaban con más ahínco y prolongaban sus propias rachas de suerte porque nunca daban por sentado su éxito.

Quiero compartir otra historia personal. Te la ofrezco no porque quiera ser perversamente sincero, sino porque creo que debo hacer un reconocimiento honesto del papel que estos principios han jugado en mi propia vida. Cuando estaba escribiendo mi primer libro, *Occult America*, acepté proporcionar una parte del trabajo en curso como artículo para una revista metafísica bastante pequeña.

La publicaron con agradecimiento, pero cuando la revista impresa llegó a mi casa descubrí que el artículo, que sentí que les había proporcionado como un favor y que era francamente de mayor calidad que su trabajo habitual, era poco visible, lo habían utilizado más o menos como relleno y no aparecía en la portada.

Aquello no pretendía en absoluto ser un desprecio, pero no obstante me sentí abatido, como si mi trabajo no hubiera sido lo suficientemente valorado. Además, lo había hecho de forma gratuita. Sentí aquel episodio como un fracaso, pero en lugar de deprimirme, me juré, mientras sostenía esa revista en mis manos en aquel momento, que no volvería a escribir para medios poco agradecidos o irrelevantes. En los años inmediatamente posteriores, mi firma apareció en publicaciones como *New York Times*, *Washington Post*, *Wall Street Journal*, *Time*, *Politico* y otros grandes medios nacionales, y mis artículos versaban sobre el mismo tipo de temas esotéricos sobre los que había escrito hasta entonces. No cedí, lo cual también fue una victoria.

El escozor inicial del escaso reconocimiento me impulsó a alcanzar alturas que, de otro modo, no habría alcanzado. Lo que parecía un revés se convirtió en un trampolín para la acción.

Fue, en cierto sentido, un *afortunado fracaso* del que surgieron mayores victorias.

Regla número **OCHO**

El «no» no siempre es definitivo

Un hombre de negocios y empresario al que admiro mucho estaba intentando contactar con un colega para reunirse con él, pero su colega seguía ignorándolo o postergando el encuentro. Finalmente, se reunieron y disfrutaron de la compañía del otro. Mi amigo le preguntó a su otrora compañero por qué se había resistido inicialmente a quedar.

—Bueno –dijo el otro hombre– eres alguien que tiene fama de no aceptar un no por respuesta.

En otras palabras, consideraba que mi amigo era prepotente y no estaba seguro de querer estar cerca de él. Mi amigo respondió pensativo:

—Tienes razón. No acepto un no por respuesta. Pero es porque las condiciones pueden cambiar, y entonces la respuesta cambia.

Recuerda siempre esto: *Las condiciones pueden cambiar, y entonces la respuesta cambia.*

Esto no significa que tengas que ser un pesado o acosar a la gente; eso no te llevará a ninguna parte. Significa mantener abiertas las vías de comunicación y mantener relaciones sólidas para que siempre puedas volver a acercarte a alguien.

El escritor y ensayista motivacional Elbert Hubbard escribió en su «Credo» en 1912: «Creo que cuando me separe de ti debo hacerlo de tal manera que cuando vuelvas a verme te alegres; y yo también».

No infravalores ese sentimiento. Las condiciones en los negocios, y en otras facetas de la vida, cambian o se invierten todo el tiempo; es una ley natural. Si tienes la capacidad de volver a acercarte a la gente, y la presencia de ánimo para hacerlo, puedes aprovechar estos cambios naturales. Mientras mantengas relaciones positivas, nunca deberías sentirte indeciso o avergonzado por llamar a la puerta de alguien una segunda, tercera o incluso cuarta vez. Un ejecutivo de una compañía discográfica me dijo una vez: «Sé una molestia, pero sé una molestia agradable».

Personalmente, me he metido en fregados con editores de revistas y periódicos sólo para descubrir que después de alejarme durante un tiempo y volver, se mostraban más receptivos a mis propuestas, posiblemente debido a un cambio en el ciclo de noticias o a algún factor intangible que hacía que mis ideas fueran más relevantes.

Conozco a un productor de cine de gran éxito que tiene ese talento para no aceptar un no. Es infaliblemente amable con casi todo el mundo. No ofende a nadie y sabe cuándo tomarse una excedencia temporal. Por ello, siempre está dispuesto a revisar los planes, los lanzamientos y las oportunidades.

Cuando las condiciones cambien a tu favor, y alguien sustituya un no por un sí, acepta tu buena suerte de buen grado, y nunca le recuerdes a alguien sus negativas anteriores. Sólo tú sabrás la mecánica que hay detrás de ese feliz cambio.

Regla número NUEVE

Nunca confundas el entusiasmo con el optimismo

El filósofo Ralph Waldo Emerson escribió: «Nunca se ha conseguido nada extraordinario sin entusiasmo». Esto es cierto. El entusiasmo no sólo es contagioso, sino que te impulsa a rendir al máximo. Sin él, todas las tareas resultan insignificantes.

Pero es vital no confundir nunca el entusiasmo con el optimismo ciego. De hecho, el entusiasmo unido a una actitud cautelosa es una combinación muy potente.

Conozco a una afortunada minoría de personas que revisan su trabajo una y otra vez. Lo hacen mucho más allá del punto en el que otra persona se detendría. A veces sus colegas se burlan de ellos y les dicen que deberían relajarse, tomarse las cosas con más calma y no tomarse la vida tan en serio. Pues bien, los que vuelven a revisar su trabajo de forma persistente son los ganadores. Cuando se presentan fallos inesperados, los detectan antes de que se produzcan daños. Es lo que me ha ocurrido a mí.

En el verano de 2003, se me encomendó la soñada tarea de entrevistar al lanzador de las grandes ligas Barry Zito para la revista *Science of Mind*. Barry utilizaba la metafísica mental como parte fundamental de su rutina de entrenamiento. Conseguir esta entrevista fue un gran «logro» para la revista, y sus editores me lo plantearon como yo si fuera la persona a la que podían confiar un encargo tan delicado e importante, así que estaba decidido a no decepcionarles. El artículo que publiqué, «Barry's Way», se convirtió en un importante trampolín para mi carrera de escritor. Pero estuvo a punto de no ver la luz, y es la primera vez que escribo sobre ello. Debido a un pequeño fallo técnico, casi arruino toda la entrevista. Casi. No la eché a perder porque fui lo suficientemente precavido como para volver a comprobar mi equipo de audio.

La grabadora que estaba utilizando para registrar mi entrevista telefónica con Barry tenía activada una extraña función que silenciaba por completo su parte de la conversación y que no era detectable hasta que se estaba grabando por teléfono. Si la función hubiera quedado activada, se habría perdido toda la entrevista. Ya había comprobado y probado de forma rutinaria la función de grabación antes del gran evento y estaba bien. Pero también decidí, más allá de lo que hubiera parecido necesario, grabar una llamada de prueba. Cuando lo hice, minutos antes de mi llamada con Barry, descubrí el problema. A veces me he preguntado cómo sería mi vida hoy si no hubiera sido lo suficientemente paranoico (desde un punto de vista saludable) como para evitar un accidente, simplemente porque me preocupé lo suficiente como para volver a revisar los detalles técnicos en diversas condiciones.

Lo mismo ocurre con la logística, los nombres, la ortografía, los números y la aritmética. Nunca te arrepentirás de rendirte a esa sensación de que algo puede estar mal. Asumir lo peor y volver a revisar tu trabajo salvará, en un momento u otro, un gran trabajo, una presentación de ventas, un asunto legal o un examen, te lo garantizo. Deja que los demás acaben antes y se vayan al bar. Tú quédate y revisa tu trabajo. La suerte favorece al entusiasta pesimista.

Regla número **DIEZ**

No humilles a nadie

Es una regla de la naturaleza humana que cuando uno insulta o falta al respeto a alguien, lo olvidará mucho antes que esa persona. De hecho, cuando se humilla de verdad a alguien (en una reunión, en Internet o en un acto social), esa persona, literalmente, nunca lo olvida. Las emociones forman recuerdos y la naturaleza humana sostiene que la mayoría de la gente, en un momento inesperado, devolverá el golpe si se le da la oportunidad.

Hace años hubo una fiscal políticamente ambiciosa en la ciudad de Nueva York que aspiraba a presentarse algún día a la alcaldía. Era conocida por menospreciar a sus colegas y subordinados. Un día, llegó tarde a una reunión pública que comenzó en su ausencia. Enfurecida por lo que percibía como una falta de decoro, insistió en que se interrumpiera la reunión y se volviera a empezar en su presencia. Poco después, alguien filtró a la prensa sensacionalista de la ciudad una noticia sobre sus aparentes excesos en el gasto de mobiliario de oficina. El escándalo hizo que su carrera política se viera afectada.

No tengo ni idea de quién hizo la vergonzosa revelación, pero no me sorprendió verlo en los titulares de un periódico sensacionalista. Supongo que sus compañeros de trabajo, escocidos por sentirse menospreciados, aprovecharon, con razón o sin ella, la oportunidad de devolver el golpe. Creo que lo mismo le ocurrió a la senadora de Minnesota Amy Klobacher en las primeras fases de las primarias presidenciales demócratas de 2020. Se publicaron artículos de prensa, a menudo anónimos, sobre lo dura que podía ser la candidata como jefa. Resultó ser una vergonzosa situación política.

No sólo es moralmente incorrecto herir el sentido de autoestima de otra persona, sino que no hay forma de saber cuándo o si esa cuenta se saldará. Incluso si crees que puedes hablar con desprecio a un trabajador temporal o subordinado, te equivocas. Esa persona puede estar al tanto de material que puede incomodarte o avergonzarte.

Esta misma regla es válida en las redes sociales e incluso en correos electrónicos supuestamente privados. Debes despojarte de la idea de que algo es realmente privado; los correos electrónicos confidenciales se comparten todo el tiempo. Todos hemos tenido (o tendremos) la experiencia de clicar por error «responder a todos», o de poner en copia a la parte equivocada, tal vez incluso a la parte de la que hablas. Conozco al menos a dos personas que perdieron su trabajo y su vida cambió de forma drástica por culpa de estos errores inocentes. Antes de pulsar «enviar», pregúntate si has escrito algo que te avergonzaría o perjudicaría si se leyera en público. Una jefa le dijo una vez a sus empleados que no incluyeran nunca nada en un correo electrónico que no quisieran que se leyera en voz alta en un tribunal de justicia con ellos en el estrado.

Cuando publicas en las redes sociales, la tentación de ser sarcástico y mordaz puede ser casi irresistible. La gente se siente desinhibida por la distancia o el anonimato, y los tonos de ironía y sarcasmo tienden a ser el modo general de comunicación. Recuerda siempre que los comentarios en Internet son para siempre, incluso cuando se borran. El anonimato puede ofrecer cierta protección, pero tengo mis dudas. Y, créeme, cuando insultas a alguien online esa persona lo recuerda; siempre. Pueden volverse en tu contra en un momento inesperado. Si insultas a alguien o hieres sus sentimientos, ya sea en Internet, en el trabajo o en público, a veces en un momento de ira o estrés, pide disculpas. Y hazlo con sinceridad.

Mi regla básica es que no debes publicar nada que no estarías dispuesto a decir a la cara a alguien. Otra regla aún más contundente te rescatará de antemano de la desgracia de los comentarios basura o de las disputas en línea. Me lo dijo un empresario, y nunca lo he olvidado: «La próxima vez que tengas la oportunidad de ser un listillo, no lo hagas». Podría salvar tu trabajo y tu paz mental.

Regla número ONCE

Reconoce a los demás

Esta regla se basa en la que acabamos de considerar sobre no humillar a la gente. En lugar de limitarte a evitar las ofensas, debes enaltecer de forma activa a las personas, con sinceridad y cuando sea oportuno. Acostúmbrate a dar las gracias a la gente y a reconocer su contribución a un proyecto, y hazlo con dinero cuando la ocasión lo requiera.

Dar las gracias no es sólo una cuestión de cortesía y ética, aunque es ambas cosas. Al hacer un reconocimiento a otras personas, tanto en privado como en público, les permites sentir que se benefician de tu éxito, y les concedes una participación en su continuidad.

El filósofo William James señaló en 1896: «El principio más profundo de la naturaleza humana es el ansia de ser apreciado». La gente está deseando que la vean. Nunca subestimes el poder del simple reconocimiento; suele ser gratuito y aporta un valor inmenso e invisible. Los que se sienten reconocidos por ti se esforzarán por encontrar un cheque perdido o retrasado, por ponerte el primero en una lista y por asegurarse de que tu paquete salga incluso después de que la oficina haya cerrado.

Lo contrario también es cierto. Si no reconoces el esfuerzo de las personas, no necesariamente obstaculizarán tu trabajo, pero sentirán apatía hacia tus necesidades. Me han dado las gracias en innumerables ocasiones, lo cual he apreciado de veras. Pero, en honor a la verdad, debo confesar que recuerdo con más intensidad las veces en las que no me han dado las gracias como es debido. Quizá tú también lo hagas. El hecho de que seamos más propensos a recordar las expectativas no cumplidas que las satisfechas es una fisura de la naturaleza humana. No sé por qué, tal vez tenga que ver con alguna necesidad primaria de seguridad. En cualquier caso, siempre hay que recordar que los «ayudantes invisibles» aparecen en función de que los hayamos agradecido y reconocido. Reconocer a las personas es un homenaje a los dioses de la suerte.

En cuestiones de dinero, puedes y debes remunerar a las personas valiosas. Pero incluso si no puedes hacerlo, o tienes razones para no hacerlo, puedes acumular un beneficio similar pagándoles con rapidez. No puedo enfatizar lo suficiente la buena voluntad que se genera cuando pagas a un contratista, a un empleado o a un ayudante de forma rápida (preferiblemente al terminar la tarea). Así es como se paga a un barbero o a un estilista. ¿Por qué no a un trabajador contratado? El pago rápido suele significar tanto o más que la propia suma. Conozco a un editor que paga a la gente por transferencia electrónica en una franja de 24 a 48 horas tras la entrega de un proyecto.

Eso genera una enorme lealtad y también es un ejemplo de ética. Por el contrario, conozco de primera mano centros educativos y espirituales que se demoran en pagar incluso sumas modestas a ponentes y organizadores de talleres. No puedo hablar por los demás, pero yo jamás volveré a trabajar en esos lugares. El trabajo de alguien se valora no sólo en dinero, sino también en la forma de ofrecerlo. La rapidez es gratuita y sus dividendos son inestimables.

Regla número **DOCE**

Haz acto de presencia

¿Eres una persona fiable? Una gran parte de lo que hace que alguien sea fiable es el simple pero vital acto de presentarse, y llegar a tiempo, a sus compromisos, tanto sociales como laborales. No sabes hasta qué punto los demás se dan cuenta de esto y te juzgan por ello. Es más, el hecho de presentarse de forma fiable te hace entrar en el fluir de la suerte.

En la cultura actual, la gente se siente demasiado a gusto faltando a sus compromisos, ya sean familiares, sociales o laborales, por casi cualquier motivo. La necesidad de hacer un recado no es excusa suficiente; el estar ocupado no es una excusa suficiente (al menos, normalmente). Tampoco lo es sentirse un poco indispuesto o estar resfriado. Creo que, como cultura, nos consentimos demasiado. Consideramos urgentes cosas que son meramente pasajeras. Como dijo un amigo filósofo: «La única urgencia real es una urgencia médica».

Cumplir con tus compromisos y obligaciones no sólo da muestras de tu fiabilidad, sino que hace algo más. A los que se colocan en el fluir de la vida les ocurren cosas importantes y a menudo fortuitas. Los encuentros casuales, de la variedad más inesperada, pueden abrirte a un nuevo trabajo o brindarte la oportunidad que estás buscando. No estoy sugiriendo que vayas a cada compromiso con la ansiosa expectativa de conocer a alguien vital, pero lo más probable es que un día ocurra.

Una noche, un amigo cercano celebraba una fiesta a la que yo estaba invitado, pero me aburría y me encontraba fuera de lugar. Iba a marcharme temprano, pero luego pensé que debía quedarme por lealtad a mi amigo, que me quería allí. Unos cuarenta y cinco minutos después, apareció una mujer que se convirtió en mi futura esposa y con la que tuve dos hijos. Así de extraña es la vida. Si me hubiera ido y hubiera defraudado a mi amigo, no habría conocido a una persona vital y central en mi vida. No me quedé para obtener un beneficio personal; lo hice para honrar a mi amigo. Pero el mero hecho de sentir una obligación hacia otra persona, y permanecer así en el fluir de la vida, me puso en el camino de una experiencia positiva que me cambió la vida.

Conozco a una mujer que debía asistir una noche a la lectura de un libro de un amigo. Se ausentó porque tenía un pequeño resfriado y el escritor se sintió decepcionado. Ello influyó en la percepción de su amiga como alguien que no estaba dispuesto a llegar hasta el final por él. A menudo me he preguntado qué cosa buena podría haber ocurrido si ella hubiera aparecido aquella noche. A lo mejor nada, o posiblemente algo que le cambiara la vida; nunca lo sabremos. Pero tengo claro que el destino brilla sobre aquellos a los que puede alcanzar, y eso se refiere a los que hacen acto de presencia.

He aquí una historia de un cariz ligeramente distinto. Puede parecer extrema, pero analízala con detenimiento. Una noche estaba hablando con un grupo de fotógrafos de éxito. Eran personas que se habían distinguido en el duro mundo del fotoperiodismo. Resulta que muchos de ellos se habían conocido cuando eran más jóvenes y trabajaban como becarios en la revista *Time* de Nueva York. A medida que avanzaba la noche, empezaron a intercambiar «batallitas». Entre risas, uno de ellos contó una ocasión en la que le encargaron llevar una película importante de un encargo periodístico a la redacción de la revista, al otro lado de la ciudad. En el camino tuvo un accidente de coche que, afortunadamente, no fue grave, pero sí lo suficiente como para que tuvieran que llamar a una ambulancia y los paramédicos lo sacaran del coche.

Al preguntarle cómo se sentía, empezó a decir en forma vacilante que necesitaba llevar esa película al otro lado de la ciudad. El grupo de fotógrafos se rio de lo que parecía un absurdo desajuste de prioridades. El propio protagonista se mostró comprensivo al respecto y, dado que nadie resultó herido, fue el tipo de historia que se puede recordar entre risas. Pero hay que tener en cuenta que pocas personas demostrarían el tipo de dedicación instintiva que él demostró aquel día, cuando sólo pensaba en completar su encargo (y la película llegó a buen puerto). Sin duda, se podría decir que fue demasiado lejos, o que mostró un nivel insano de dedicación. Pero ¿es realmente así? ¿No querrías que tu cirujano, enfermero, piloto, cuidador o alguien de las fuerzas del orden demostrara ese tipo de dedicación? Sí, puede que el ejemplo sea extremo, pero pone de manifiesto el carácter de las personas que se distinguen y que llegan a los sitios. Todos los fotógrafos de éxito que participaron en nuestro debate esa noche tenían una actitud o una historia similar. Aprendamos de ello.

Regla número **TRECE**

Actúa con rapidez

La decisión es un elemento clave para la buena suerte. La oportunidad viene y se va con rapidez; no se prolonga. «El tiempo disipa la energía», me dijo una vez un poderoso agente. Cuando se te presente una buena oportunidad, aprovéchala. La lentitud amortigua o anula las oportunidades.

La acción rápida y decisiva no debe confundirse con la impulsividad. Si sigues todas las demás reglas aquí expuestas, no serás víctima de un impulso ciego. Tendrás suficiente información sobre ti mismo y sobre tu entorno y suficiente preparación para poder moverte con inteligencia y rapidez cuando la rueda de la fortuna se detenga donde tú estás. La intuición surge de la acumulación y el almacenamiento de una gran cantidad de información de modo que, cuando llegue la oportunidad, la persona preparada tenga «bases de datos» en las que apoyarse.

La fortuna te golpea con rapidez. Conozco a una brillante cantautora que tuvo éxitos en el top diez en los años noventa. Me dijo que cuando le llegó la fama, «todo sucedió muy rápido». Como intérprete y artista cualificada, estaba preparada, aunque no todo fue fácil, por supuesto. Pero llegó a la cima de las listas de éxitos con su visión e integridad intactas.

Cuando la gente busca un trabajo o un gran logro en la vida, siempre les recuerdo que, por muchas oportunidades que parezcan escapárseles de las manos, «sólo hace falta un sí». Estate atento a ese sí y prepárate para aprovecharlo. No importa lo que haya pasado antes ni cuántos sinsabores le hayan precedido. Todos ellos se olvidarán una vez que llegue.

Un filósofo me preguntó una vez: «¿Qué haces cuando alguien te ofrece un regalo?». Le miré sin comprender. «¡Lo aceptas!», respondió. Así es la vida en todas sus facetas: cuando te llegue algo bueno (una oferta, un trabajo, una oportunidad), no vaciles. Reconocerás que es una oportunidad por todo lo que hemos tratado hasta ahora.

Y si es una oportunidad equivocada, puedes gestionarla con un rápido «no». Pero lo más desafortunado que puedes hacer, y un presagio de los problemas que se avecinan, es dar muestras de poco entusiasmo, demora o silencio. Ningún empresario o patrocinador que merezca la pena respetará eso; quiere saber que tu dedicación coincide con la suya. La vida no permite medias tintas. Cuando te lleguen las oportunidades, actúa en consecuencia.

Apéndice

Los 13 aforismos de la buena suerte

1. La buena suerte no es sinónimo de una feliz casualidad. Es más bien una selección de hábitos y técnicas personales que se pueden cultivar para maximizar los acontecimientos que entran en tu vida. La suerte se puede aprender.

2. Estate atento a las colaboraciones fructíferas. La valiosa química es insustituible. En las áreas de tu vida en las que ya exista, hónrala, cultívala y mantenla. La química es la raíz y el producto de la buena suerte.

3. La suerte llega a los que se dejan ver. Actúa con dignidad y decoro, pero asegúrate de que la gente conozca tu trabajo, tus pasiones y tus contribuciones.

4. La suerte favorece a la mente preparada. Sólo puedes aprovechar las oportunidades cuando eres capaz de utilizarlas. La preparación invita a las opor-

tunidades. El ojo preparado se da cuenta de cosas que nadie más ve.

5. La decisión de dejar la bebida y las drogas es una de las más poderosas que puedes tomar. Puede aumentar tu eficacia, tu rendimiento y tus oportunidades en todos los ámbitos de la vida. Es una de las pocas decisiones importantes que está totalmente en tus manos.

6. Es una ley estadística que las rachas de suerte siempre se revierten. Un período fértil sustituye a uno de barbecho, y viceversa. En los lugares de trabajo, los éxitos suelen recordarse más que los fracasos. Por eso la persistencia vence a las probabilidades.

7. El fracaso o los contratiempos pueden rescatarte del contacto con las personas y las circunstancias equivocadas. También pueden incitarte a trabajar mejor, con más fuerza, y a apuntar más alto. Para la persona orientada a la suerte, el fracaso puede ser un trampolín.

8. Una persona de éxito dijo una vez: «Las condiciones pueden cambiar, y entonces la respuesta cambia». Por lo tanto, debes acostumbrarte a reconsiderar las posibilidades perdidas, y mantener tus relaciones favorables para poder retomarlas.

9. Nunca confundas el entusiasmo con el optimismo. Revisa una y otra vez tu trabajo; busca errores en todo momento, ya que los encontrarás y evitarás contratiempos. El entusiasmo pesimista salva proyectos enteros.

10. Cada vez que humillas a alguien, corres el riesgo de colocar una bomba de relojería oculta en algún lugar de tu camino. La gente rara vez olvida las humillaciones, y a veces se venga por ellas.

11. Agradecer y reconocer a las personas (en público, en privado y, a veces, de forma económica) les ayuda a sentirse partícipes de tu proyecto. Pueden acudir en tu ayuda en momentos sutiles e importantes. No hacerlo invita a los demás a sentir apatía (si no antipatía) hacia tus necesidades.

12. El destino sólo brilla sobre aquellos a los que puede alcanzar. Haz acto de presencia; mantén tus compromisos. Sé parte del flujo de la vida.

13. Las oportunidades no perduran. Cuando llegan, debes actuar con rapidez y decisión. Si estás preparado, no será impulsividad, sino una decisión inteligente que induce a la suerte.

Acerca del autor

Mitch Horowitz es un historiador galardonado con el premio PEN y autor de libros como *Occult America; One Simple Idea: How Positive Thinking Reshaped Modern Life*; y *El club de los milagros: cómo convertir tus pensamientos en realidad*. Conferenciante residente en la Universidad de Investigación Filosófica de Los Ángeles, Mitch presenta y edita la línea de Condensed Classics de G&D Media y es autor de la serie de Cursos de Éxito de Napoleon Hill, que incluye *The Miracle of a Definite Chief Aim* y *The Power of the Master Mind*. Entre sus otros títulos de la Serie de Clases Magistrales, se encuentran: *The Science of Getting Rich Action Plan; Miracle: The Ideas of Neville Goddard*; y *Awakened Mind: How Thoughts Create Reality*. Visítalo en www.MitchHorowitz.com

Índice